Arleen Nie⸱⸱⸱ ⸱⸱⸱⸱⸱⸱⸱⸱

En Honor a Ti

35 poemas dedicados a quien se nos adelantó en el viaje de la vida
y que extrañamos demasiado

Editorial Promesas

DEDICACIÓN

Las razones para escribir este libro son muchas. La tristeza es una de ellas, el amor es otro. Se me fue una de las partes más importantes de mi corazón, un gran amor en mi vida, mi más completo compañero de viaje. Solo Dios sabe cuánto lo extraño y me duele su ausencia. Rendirle tributo es lo mejor que puedo hacer para que el mundo sepa cuanto le amé y cuanto lo amo. El vacío que dejó en mí ha sido inmenso. Simplemente irremplazable.

Hoy, a un año de haberlo perdido, no tengo palabras para describir el dolor. Ha sido un año duro, pero he aprendido mucho. He aprendido a vivir la vida como él me enseñó a vivir. Puedo decir que los sueños que teníamos los dos, no quedaron inconclusos porque como le prometí y hoy reafirmo:
"Mientras yo viva, viviré por los dos"

Hermano mío, no sabes cuánto te extraño. El dolor que siente mi corazón cuando te busco en nuestros sitios comunes y no te encuentro. Allí sigue la banca, vacía, sin ti. No puedo evitar que las lágrimas broten y rocen mis mejillas al verla. Son tantos recuerdos. Allí me abrazabas cada vez que me veías, era un encuentro especial. Así como todos los que teníamos. "Selfie!!" –¿recuerdas?

No puedo evitar que la pena me embargue y me inunde a diario, pero no me quieres ver llorando, ni compungida, lo sé. Así que seré fuerte, recordar tus palabras impulsándome a dar lo mejor de mí porque detrás de mis pasos irían los tuyos. Ahora tengo que cuidar a mi otra hermanita menor.

Seguirás viviendo orgulloso de mí, por ti, por tus sobrinos, por nuestros papás, por nuestras hermanas, por todos lo que te conocemos, daré lo mejor de mí. Y seguiré caminando con lágrimas sinceras pero también con la plena convicción de que el mundo te recordará como yo te recuerdo.

A todos los que han perdido un ser amado, no están solos. El dolor nos une y lo mejor que podemos hacer es...vivir la vida plena como a ellos le hubiese encantado.

Por todos, ahí les comparto parte del lenguaje de mi alma porque donde el dolor calla, el amor responde.

A todos los que de una forma u otra necesitemos llorar, amar, reír y continuar. Les envío un gran abrazo. Dios los bendiga siempre.

Y sobre todo hermanito, Israel (Junior) lo hice con todo mi amor…
"En honor a ti"
Te amo, *Arleen*

TABLA DE CONTENIDO

AGRADECIMIENTOS

La vida nos sorprende con eventos en los que reimos, en los que lloramos. Y son esos seres especiales que están ahí cuando los necesitamos los que verdaderamente hacen la diferencia. A todos…**Gracias.**

A mis padres…Sara Vázquez e Israel (Piro) Nieves
Gracias por todas las experiencias de vida, por hacer tanto, por creer en mí y en mis hermanos.
Gracias por Junior, mi eterno ángel.

Gracias a mis hermanas…Keila Ivelisse y Génesis Stephanie, son ustedes el escuadrón perfecto para seguir adelante.

A mi esposo Luis Daniel…quien ha sostenido mi mano y no me ha abandonado ni en las más duras batallas. Su amor me sostiene, me consuela y me impulsa. Te amo.

A la razón más grande en mi vida para ser agradecida, aquella que Dios ha puesto en mi camino para luchar, reír, vivir…mis hijos Berenice, Allen Daniel y Gyan Daniel. Son ustedes el motor que mueve mi vida y le da un sentido
total y completo.

A todos los que me han ayudado a ser quien soy.
A mis abuelos,
A mis tíos,
A todos mis primos,
A mis sobrinos,
A mi cuñados y cuñadas,
A mis grandes amigas.
A Miguel, gracias por cuidarme.
A toda mi familia extendida.

En fin, a toda persona que me ha ayudado a lograr ser lo que soy hoy, a los que han creído en mí, a quienes me han enseñado a ser una mejor persona.

A quienes impulsaron mi talento: Hilda Zayas, Jose Luis Rodríguiez(Chegüi)

A todos gracias.

Sobre todo…

A mi hermano **Junior**, quien con su amor y coraje me enseñó que la vida hay que vivirla a plenitud. Que no hay límites para nada y todo aquello que creas, lo puedes hacer realidad siempre. *Miss you, Bro!*

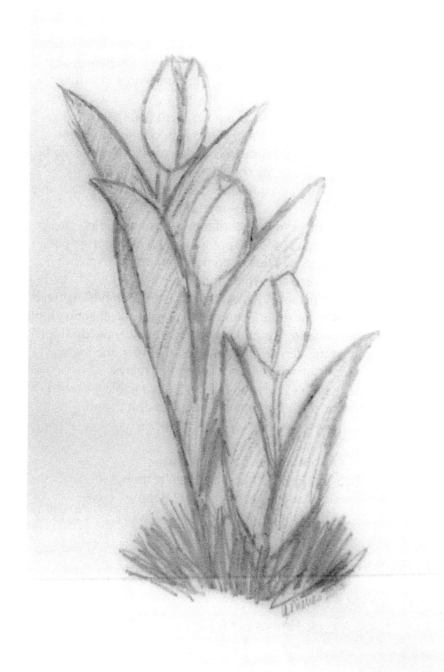

INTRODUCCIÓN

Aprendí que el dolor llega cuando menos lo imaginas. Que quizás cuando llevas una vida plena, el destino viene y simplemente te arrebata lo que amas. Aprendí que mil lágrimas no son suficiente para plasmar el dolor.
Aprendí que hay que vivir de a poco, pero con intensidad.
Aprendí que cada despedida mañanera, puede ser la última.
Aprendí que los sueños y las metas pueden quedar frisados en la eternidad.
Aprendí que cuando alguien que amas tanto se va, no hay nada que te ayude a superarlo.
Aprendí que no puedo cambiar el tiempo. Aprendí que no puedo cambiar el circulo de la vida. Aprendí que no puedo irme por encima de los planes de Dios. Aprendí a amar más. Aprendí a abrazar más. Aprendí a servir más.
Aprendí a ser mejor persona. Aprendí a ser más tolerante. Aprendí a no posponer nada que quiera cumplir. Aprendí que cuando algo duele, tengo que soltarlo. Aprendí que soy humana y puedo llorar.
Aprendí que no me derrumbaré, que yo seguiré y que lograré cumplir mis más grandes sueños y metas.
Aprendí que cuando el corazón duele, el alma habla y escribí aquello que gritó mi alma cuando más dolor sentí.

35 Poemas
35 Maneras de desahogarme
35 Maneras de decirte cuanto te amo
35 Maneras de expresar el dolor
35 Maneras de celebrar la vida
35 Maneras de decirte…te extraño

Por estos 35 años que Dios me permitió tenerlo como el mejor hermano del mundo.

Esto es por ti Junior.
Te amo
Y te extraño demasiado

Escrito con amor para quienes han perdido a un ser amado y luchan al igual que yo para encontrar día a día una nueva razón para ser fuertes.

Con la plena convicción de que los volveremos a ver.

A mi mamá y mi papá…un abrazo para ustedes.

1 QUERIDO ANGEL

Abre tus alas querido ángel
para recibir de ti, un fuerte abrazo,
quiero sentir tu amor divino
y descansar en tu regazo.
Recordar aquellos tiempos,
escurrirme entre tus brazos,
disfrutar la vida plena
y ver juntos el ocaso.

Abre tus alas querido ángel,
consuela con tu presencia mi dolor,
quiero rebosar de alegría,
disfrutar tu gran amor.
Quiero recordar momentos,
cantar juntos una nueva canción,
recordar aquellos eventos,
que siempre atesoro en mi corazón.

2 EL GRITO DE MI ALMA

Grita alma mía, grita
no lamentes tu tristeza
permite que sea la pieza
que transforme tu vida.

Vive con alegría,
aun cuando el corazón tropieza y llora,
trabaja duro, y evapora
la pena, el dolor y la agonía.

Convierte el llanto en una risa,
resplandece en el día oscuro,
construye de a poco el futuro
mantén tu pasión, pero si tienes que gritar…

¡Grita!

3 SIN CONSUELO

No me abandones.
Me siento tan sola,
tantos sueños,
tantas metas,
solas quedaron
sin ser logradas.
Ahora mi alma,
tu ausencia llora.

Son tristes mis días,
son largas mis noches.
Todo ha cambiado
y ya nada es igual.
Sola en mi rumbo
ya no te tengo.
Como quisiera
volverte a encontrar.

Bajo la lluvia,
a veces camino,
buscando un consuelo,
encontrarte otra vez.
Pero eso no pasa,
solo el camino,
sigue sin pausa,
aunque no estés en él.

Por eso mi alma
se siente vacía
buscando un refugio,
mirando hacia el cielo.
Buscando encontrarte,
desde que te fuiste,
para ver si mi alma,
supera estar triste.

4 UNA VEZ MÁS

Otro día más,
que mi angustia
se revive.

Aunque sé que
en realidad,
ella sigue, y existe.

Ya no hay lágrimas,
que de mis ojos salgan.
He llorado tanto,
hasta mis ojos secar.

Y aunque el dolor,
ahí se mantiene.
Disimulo en mi faena,
tratando de ser normal

Me visita la pena,
comienzo a llorar,
y vuelvo a estar triste.

¡Una vez más!

5 MI CARGA

Anoche soñé contigo,
estábamos tan felices,
olvide por un instante,
que ya no estás junto a mí.

Volví a ponerme triste,
tan pronto desperté,
al darme cuenta
que a mi lado ya no estás.

Esto ha sido horrible,
quisiera el tiempo regresar,
volver a aquella días,
donde tantos nos divertimos.

El dolor es como un nudo,
que no puedo desenredar.
Un golpe amargo,
y la peor sensación.

Lo más infame de todo,
es sentirme tan impotente,
no vi venir tu ausencia,
y ahora te extraño demasiado.

Trato de seguir mi vida,
pero vivirla sin ti,
hace que ya no sea igual,
realmente te extraño.

Cada vez que me dispongo
a hacer algo,
mi mente vuelve a tu recuerdo
solo para pensar en ti.

6 CUANDO TE FUISTE

Si tan solo me hubieras avisado,
que ya no te vería más,
detendría el pasado,
y no te dejaría de abrazar.

Buscaría la manera de pasar
ese último día de lo mejor.
Para que así pudieras recordar
cuán grande es por ti, mi amor.

Suelo ahora pensar,
lo duro que es la vida,
cuando de pronto y sin avisar
te fuiste así; sin despedida.

Dejando un grave dolor,
y lágrimas por doquier.
Permitiendo que solo el amor,
me recuerde que te volveré a ver.

7 LA VIDA CAMBIA

La vida cambia;
Ya no es lo mismo.
La vida cambia;
Y cambió para siempre.
La vida cambia;
Y cambió mi camino.
La vida cambia;
Y cambió mi presente.
La vida cambia;
Y cambió mi destino.
La vida cambia;
Y cambió por siempre.
Y cambió sin aviso.

8 CARTA

Hola querido;
Espero que estés bien.
Yo no lo estoy tanto,
Te extraño demasiado.
Me paso los minutos,
tratando de despertar,
de esta pesadilla
queriendo estar a tu lado.

Pero el tiempo pasa,
y sigo en lo mismo,
buscando un instante,
para volverte a tener.
Aún no lo creo,
el dolor es duro,
lo único que quiero,
es volverte a ver.

9 TE ESPERO

La gente no entiende,
lo duro que ha sido,
esperar tu respuesta,
y esta no llega.
Levantarme en las mañanas,
para ver si me escribes,
todos los mensajes,
para ver si contestas.

Aun mil lágrimas,
no hacen que regreses,
dura es la pena,
que encierra mi razón.
Todavía añorando,
encontrarte de nuevo,
compartir como siempre,
y dejarte en mi corazón.

10 SIGUES AQUÍ

Si cierro mis ojos te veo,
sé que sigues aquí,
porque en la brisa te siento,
cada vez que pienso en ti.

Te hablo en silencio,
te lloro gritando,
y espero el consuelo,
que aún sigo esperando.

A veces en sueños,
apareces callado,
con rostro tranquilo,
tan solo mirando.

De noche un estrella,
de día una nube,
en cada esquina,
siento tu abrazo sublime.

11 MI ÁNGEL

Tu memoria,
hoy es mi esencia.
Aquella que me rodea,
y aquella que me guía.

Como ángel con sus alas,
sé que te acercas y me abrazas,
en los momentos de soledad,
cuando mi alma llora.

Te extraño como nunca,
cuanto añoro volver a verte,
buscar mi rostro en tu reflejo,
reír a carcajadas.

No suelo entender,
porqué el adiós; porqué te fuiste.
Solo me tengo que contener,
y recordar lo que por mi hiciste.

12 NO ES FÁCIL

No es fácil y no lo será,
buscarte y no encontrarte.
Solo sueño que volverás,
y en mi camino volver a hallarte.

Jugar como jugábamos,
reír como reíamos,
cantar como cantábamos,
amarnos como nos amábamos.

Aun me pregunto,
porqué así tan fácil te fuiste,
si tantas metas teníamos juntos,
quedando a mitad, sin concluirse.

Hoy llora de pena mi alma,
cada vez que miro al cielo,
cada vez que mi alma, te extraña,
y al no verte, queda sin consuelo.

13 AÚN NO LO ENTIENDO

Un nudo,
se aprieta en mi pecho,
cada vez
que pienso en ti.
Un nudo amargo,
un nudo tieso,
que amarra mi espíritu,
no lo deja salir.

Un golpe de a poco,
que acaba conmigo,
un mal que a mi vida,
llegó sin permiso.
Pasan los días,
aun siento el vacío.
trato de llenarlo,
con un espacio ficticio.

No hay parte en mi vida,
que entienda,
lo que paso de momento
por qué tu partida.
No hay explicación,
no encuentro manera,
que llene este espacio,
que cierre mi herida.

Solo espero que llegue
ese momento,
donde pueda con amor
abrazarte otra vez.
Porque aunque este proceso,
es duro y es lento,
la esperanza que tengo,
es de volverte a ver.

14 QUERIDO HERMANO

A veces se me olvida,
y actúo como si estuvieras,
y es que no encuentro la manera
de reconocer tu despedida.
Solo espero que algún día,
esta tristeza acabe,
y pueda yo encontrarte,
como siempre te encontraba.
Si es así que la vida acaba,
con una tristeza tan fuerte,
no es justo, ni es de suerte,
acabar de sopetón con los sueños,
aquellos de los que somos dueños,
y ya hoy son metas pendientes,
las mismas que me hacen valiente,
para tu legado continuar y cumplirlas.
Y tu esencia mantener y esparcirla,
para que el mundo conozca quien fuiste.

¡El mejor hermano y compañero que existe!

15 EL VIENTO

El viento me susurra a la cara,
buscando acariciar mi cuerpo,
buscando transmitir tu esencia,
que un día se fue y no ha vuelto,
y aunque a veces contengo el aliento
y trato de dar un suspiro,
para que mi aire encuentre el viento,
que me lleva de nuevo contigo.

El viento me da una sonrisa,
y susurra en mi oído un cuento,
que cuenta detalles y eventos,
de cómo te va y como te ha ido.
Y aunque a veces contengo el aliento,
buscando encontrar un respiro,
que me ayude a sentir el viento,
que me lleva de nuevo contigo.

16 RAYITO DE SOL

Un rayito de sol,
sale en mi ventana,
temprano en la mañana,
obsequiando su calor.

Y cuando miro a mi alrededor,
me doy cuenta de la pesadilla,
viendo como la vida,
me traiciona con el dolor.

Por eso sufre mi corazón,
al no tenerte cerca,
al buscar y no encontrar,
en mi vida, tu presencia.

Un rayito de sol,
que espero al despertar,
para en cada mañana encontrar,
tu saludo en mi corazón.

17 TE EXTRAÑO

Sé que no fue decisión tuya,
sé que fue el llamado de Dios,
aun así este dolor,
llega a convertirse en tortura,
porque extraño tu esplendor,
extraño tanto tu amor,
y mantengo mi cordura,
para que no se rompa mi corazón.
Porque cierto es mi temor,
de terminar en locura,
pues no encuentro razón,
que alivie mi dolor,
aunque al sentir la ternura,
y la misma devoción,
que evoca la aventura,
de buscar el valor,
de aceptar tu adiós
y me recuerde el amor
que compartiste con tu dulzura.

18 CUANDO TE VEA EN EL CIELO

Cuando te vea en el cielo te diré,
lo mucho que te he extrañado,
y siempre en mi vida recordaré,
cada evento que justos pasamos.

Cuando te vea en el cielo te diré
que mis días aquí han cambiado,
y aunque trato de disimularlo,
la realidad es que nunca podré.

Cuando te vea en cielo te diré
que nadie te ha reemplazado,
que tu espacio ha quedado guardado,
hasta el día en que te vuelva a ver.

19 NUESTRA ÚLTIMA FOTO

Aún conservo la última foto,
aquella con tu hermosa sonrisa,
la misma que me acaricia,
y consuela mi corazón roto.

Fue una foto espontánea,
te la tomé sin avisar,
cada experiencia voy atesorar,
aunque sea momentánea.

Y es esa foto el consuelo,
que miro cuando me deprimo,
porque recuerdo que contigo,
pase muy gratos momentos.

Guardo esa foto con amor,
aun en tiempo tristes,
porque desde que te fuiste,
ella alivia mi dolor.

Hoy mis letras te dedico,
aunque mucho más mereces,
y tal vez no fueron suficientes,
las veces que te dije.
¡Cuánto te amo!,
¡Cuánto te quiero!,
que por ti daría la vida,
que por ti vivo orgullosa,
que cada día doy gracias
por haber sido tu hermana.
Y me hubiese encantado,
vivir contigo más tiempo,
que supieras cuán adentro,
estas en mi corazón.
Y aun perdiendo la razón,
porque nunca fue suficiente,
sé que tenías presente,
que te amo con la vida,
y espero que algún día,
pueda abrazarte de nuevo,
y quedarme siempre contigo.

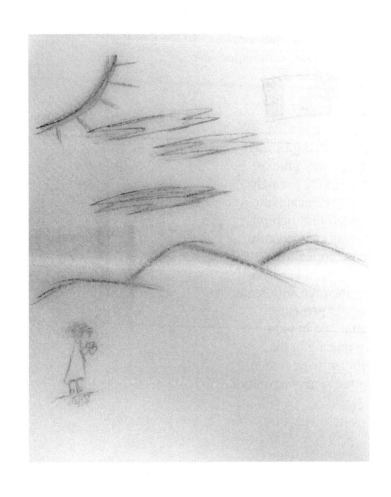

21 MI ESTRELLITA

Ayer me asomé por la ventana,
y brillaba de lejos una estrellita,
aquella que resplandecía,
con singular manera única.

Era una estrellita especial,
así como tu propia vida,
y pude con ella recordar,
que del cielo tú me cuidas.

Y fueron minutos que hablé,
y le dije a la estrellita,
cuán importante eres,
cuanto mi vida te necesita.

La estrellita brilló como nunca,
y me dejo saber,
que aunque yo aquí sufra,
tú en el cielo estás muy bien.

22 TE AMO

Te amo hasta el infinito,
desde siempre;
hasta siempre;
por siempre.

Te amo hasta el cielo;
hasta el sol;
hasta las estrellas;
y más allá de ellas.

Te amo por cada gota en el mar;
cada grano de arena;
cada gramo de sal;
cada brisa marina.

Te amo sin condiciones;
sin reparos;
amor puro;
amor eterno.

No importa cómo...*¡Te Amo!*

23 COMO TE EXTRAÑO

Cálida brisa,
que acaricia mi rostro,
enjuga mis lágrimas,
llenas de dolor,
siendo el corazón,
confortado por la memoria,
viendo como película,
cada escena vivida,
donde apareces con alegría,
riéndonos como locos,
como unos otros pocos,
que se conocen tanto,
ahora una mitad,
de mi vida arrancaste,
el día en que te marchaste,
en tu viaje a la eternidad,
dejando un vacío inmenso,
difícil de llenar,
como extraño tu cariño,
como quiero volverte a abrazar.

24 SIEMPRE PIENSO EN TI

Dicen que el tiempo cura;
dicen que los minutos olvidan,
pero no ha habido un día,
en que no piense en ti.
Desde que me despierto,
hasta que vuelvo a dormir,
estás en mis pensamientos,
presente siempre en mí.
Y trato de buscar consuelo,
en todo lo que hago,
sin embargo tu recuerdo,
es tu más grande legado,
ha pasado ya un tiempo,
y sigue doliente, sigue igual,
cada vez que recuerdo,
que aquí ya no estás.
Solo espero algún día,
volverte a encontrar,
y se curen mis heridas,
tan pronto te vuelva a abrazar.

25 NUESTRO ÚLTIMO DÍA

Si la vida me hubiese advertido,
que aquel era nuestro último día,
muchas cosas te diría,
incluso cuanto te he querido.

Sin embargo amor mío,
te fuiste sin avisar,
lo que me hace aun llorar,
desde que no estás conmigo.

En ocasiones cuando río,
cuanto extraño que estés aquí,
pues por ti solía reír,
con tus ocurrencias conmigo.

Y aunque así lo quiso el destino,
Dios te quería en su reino.
Estarás tú en cada gesto,
y en cada momento vivido.

26 POCO A POCO

Como gotas de lluvia,
así es mi tristeza,
buscando fortaleza,
para seguir adelante.
Porque aunque el dolor es grande,
sé que quieres que siga,
y cumpla todas las metas,
sin darme por vencida.

No creas, es difícil.
Cuando te extraño tanto,
a veces el quebranto,
me vuelve otra vez frágil,
Y no creas, no es fácil.
Pero sé que me das fuerzas,
para encontrar la manera
de seguir hasta la meta.

27 YOU WILL BE HERE

I know your love;
I know your dreams;
I know your goals;
I know you until the sky.

And I will continue,
all your passions,
you will live,
in everything I do.

From now and forever;
you will be here;
in to the sky;
in to the heaven;
in all who I am;
in everything I see;
because while I live,
you will be here in my heart.

28 MIENTRAS YO VIVA

Yo tengo fe de que continuaré,
luchando por lo que creías,
en cada paso que dé,
en cada uno de mis días,
tu presencia ahí estará,
como una fiel compañía.
En cada amanecer;
En cada nuevo día;
En cada cosa que haga,
Te tendré presente en mi vida.
Porque nadie te olvidará,
mientras tú en mi vivas.

29 GRACIAS

Gracias por haberme regalado,
tantas gratas memorias,
aquellas que han calado,
muy profundo en mi ser,
y que hoy guardo con celo,
como parte de mi vida,
pues es ese recuerdo,
el que me devuelve la alegría,
los días que no te veo,
en aquellos que te extraño,
y que cuando caigo en mi quebranto,
hacen que de momento ría,
porque fueron tantas cosas,
que juntos hicimos,
cosas que ahora extraño,
cuando no te tengo conmigo,
y que son hoy el motivo,
de estar yo tan agradecida,
porque en tu paso por la tierra,
compartiste conmigo tu vida.

30 LA PROMESA QUE TE HICE

Mientras yo viva,
tu vivirás también,
y al mundo le haré saber,
cuan hermosa fue tu vida,
lo mucho que me ayudaste,
con amor y alegría,
lo bien que compartiste,
conmigo tu viaje de vida,
y en este paso por la tierra,
donde tú siempre estabas ahí,
lo duro que ha sido,
desde que no estás aquí.
Desde que tengo memoria,
siempre solías compartir,
conmigo cada cosa,
incluso el hacerme reír,
ha sido duro este año,
te lo tengo que decir,
porque sin dudas, te extraño,
por tu ausencia suelo sufrir,
pero como te dije al decir adiós,
hoy lo vuelvo a repetir,
mientras yo viva,
viviré por los dos.

31 LLORO POR TI

A veces el consuelo no llega,
y el dolor no me avisa,
pues suelo extrañarte,
en cada instante de mi vida

Ya nada es lo mismo,
desde que ya no estás,
fue un golpe sin aviso,
de difícil de recuperar.

Pasa el tiempo y se despide,
pero el dolor sigue ahí,
tal cual sus raíces,
han decidido subsistir,
y por más que lo intente,
la tristeza sigue en mí,
y por más que con ella luche,
mis ojos lloran por ti.

32 A TI

Querido amor mío,
donde quiere que te encuentres,
quiero que tengas presente,
qué grande es el vacío.

Que dejaste al partir,
para ir en tu esplendor,
volando como ruiseñor
y no me pude, ni despedir.

Duros han sido los días,
donde tu ausencia es marcada,
y de verte tengo ganas,
pues te extraño con la vida.

Solo espero que algún día,
Dios me dé la oportunidad,
de volverte a encontrar,
y quedarme con tu compañía.

33 LA RAZÓN

Si alguna razón tuviera,
el haberte perdido,
tal vez yo entendiera,
porque te me has ido.

Pero no encuentro la manera,
aun no tiene sentido,
no sé cuál sea,
la razón o el motivo.

Solo sé que en mi pena,
y con el corazón abatido,
espero que mi tristeza,
la pena haya valido.

Y que toda tu encomienda,
en la tierra hayas cumplido,
para que celebres una gran fiesta,
en honor a lo vivido.

34 MI OTRA MITAD

Un amor puro y real;
Muchas metas sin cumplir;
Una lágrima sin enjugar ;
Un día sola y sin ti;
Un eterno esperar;
Una vida a la mitad;
Un eterno sufrir;
Una lucha para seguir;
Una lágrima para consolar;
Un corazón en soledad;
Triste por verte partir;
Un instante para pensar;
Una brisa para sentir;
Ese abrazo al necesitar;
Tenerte aquí junto a mí;
Una palabra para expresar;
Una oración para decir;
Cuanto yo te he de extrañar;
Una historia sin terminar;
Dos corazones y un solo latir.

35 EL DÍA QUE VUELVA

Una calma que apacigua,
en ocasiones mi tristeza,
una brisa que acaricia,
lo profundo de mi alma,
un cariño que mantiene,
encendida la flama,
de un ser que aún vive,
y que mucho se le extraña.

Un martirio adolorido,
que suele lastimar la herida,
cada vez que en mi delirio,
recuero su despedida,
una esperanza latente,
una esperanza con vida,
aquella que tengo presenta,
como una llama encendida.

Espero con ansias el día,
de poderle de nuevo abrazar,
recibirlo con alegría,
y nunca dejarlo escapar,
aunque sea un instante,
aunque sea en un parpadear,
que venga a visitarme,
para mi amor hacerle llegar.

Inmortalizado quedaste,
Siempre en mi vida,
Realmente te extraño,
Amado ser mío,
Espérame en el cielo,
Logrando lo prometido.

No te des por vencido,
Invade con fuerza tu lucha,
Escucha atento mi ruego,
Vuela alto mi eterno guerrero,
Enséñame como siempre y de nuevo, a
Ser libre y perseguir mis sueños.

Vuelva alto mi querido ángel,
Alcanza nuevamente tus sueños,
Zarpa tranquilo, viaja sereno,
Quiere el silencio, abraza el tiempo,
Unidos todos siempre estaremos,
En esta vida y la otra.
Zagas como siempre mi eterno guerrero.

Arleen Nieves & Israel Nieves 2014

SOBRE LA AUTORA

Arleen Nieves Vázquez, joven puertorriqueña de 37 años. Enfermera Graduada de profesión, casada y madre de tres hermosos hijos quienes son la razón principal de su vida. Posee un Bachillerato en Ciencias en Enfermería y se encuentra cursando estudios de Maestría en Gerencia de Organizaciones de Salud. Ha tomado cursos en artes, entre ellos escritura creativa, serigrafía, poesía, repostería, entre otros.

Escritora desde que aprendió a escribir en primer grado. Su primer poema "Mamita linda" lo escribió a la tierna edad de 6 años dedicado a su madre.

Apasionada de la lectura y la escritura ha participado en varios concursos literarios logrando ser publicada, recibiendo premios y menciones. Ha invertido gran tiempo de su vida escribiendo cientos de relatos, poemas, canciones, ensayos, cuentos, libretos. etc. Ha colaborado con artículos profesionales de enfermería y ha tenido participación en los siguientes libros de antologías: *Porciones del alma III, Micro-cuentos Isabel Freire de Matos 2016, Pluma, Tinta y Papel VI, y Breves Carcajadas.*

"En Honor a Ti" es su primer libro de poemas; dedicado a su hermano Israel (Junior) a quien ama y extraña inmensamente.

Dedica la mayoría de sus triunfos a su mamá Sara, a su papá Israel, a su esposo Luis, a toda su familia y a todos los que le han ayudado a perfeccionar su arte y elevar su pasión teniendo como norte a Dios Todopoderoso.

El motor total de todo lo que hace y lo que la mueve; sus tres hermosos hijos. La razón de su vida.

Made in the USA
Las Vegas, NV
03 March 2023

68481983R00036